LES DEUX MARSEILLE

1858

BARTHÉLEMY

MARSEILLE
CHEZ CAMOIN FRÈRES,
ET CHEZ LES PRINCIPAUX LIBRAIRES.

LES DEUX MARSEILLE

LES
DEUX MARSEILLE
1858

—◊—

BARTHÉLEMY

—◊—

MARSEILLE
CHEZ CAMOIN FRÈRES,
ET CHEZ LES PRINCIPAUX LIBRAIRES.

LES DEUX MARSEILLE

Chaque ville a son bon et son mauvais Génie :
L'un se complaît à voir sa splendeur rajeunie,
Rappelle ses instincts aux délices des arts,
La couvre de palais, de dômes, de bazars,
Agrandit son forum, son port, sa cathédrale,
Et dresse jusqu'aux cieux sa couronne murale.
Chaque jour, il ajoute un lustre à son blason;
Sitôt qu'un noble plan scintille à l'horizon,

Sa magique parole en décrète l'urgence ;

C'est le fils du Progrès et de l'Intelligence.

L'autre, le front terni, les regards clignotants,

Des deux mains se cramponne au fouillis du vieux temps ;

Accroupi sur un crabe ou sur une tortue,

Il aime à parcourir quelque rampe tortue,

A marcher dans la fange et sur les durs cailloux ;

Démon quinteux, Génie impuissant et jaloux

Qui s'attache dans l'ombre aux croulantes masures ;

Qui, sur les plans hardis, sur les hautes mesures,

Jette un souffle énervant comme le siroco ;

Monstre issu de la Nuit et du lourd *Statu-quo*.

Ce démon pèse encore aujourd'hui sur Marseille ;

Il murmure, il se plaint, il menace, il conseille ;

Il veut que le passé, qu'il s'obstine à bénir,

Serve éternellement d'ornière à l'avenir.

Depuis un temps qui touche aux libertés romaines,

Dans notre vieux bassin, centre de ses domaines,

Le monstre pétrissant de limoneux poisons,

Se gonfle et se nourrit de leurs exhalaisons ;

Mais son pouvoir, sapé par des forces rivales,

Sur ses vieux étançons tremble par intervalles ;

Sans cesse il est troublé par des bruits annonçant

Des transformations qui lui brûlent le sang ;

Il sait que son antique et féale Phocée

Dans une ère nouvelle entre bouleversée ;

Que la *Plaine* a subi l'insulte d'un jet d'eau ;

Que jusqu'à *Montredon* se déroule un *Prado ;*

Que la *Tourette,* enfin jetant l'habit de veuve,

Épouse un nouveau port sur une rive neuve ;

Qu'un homme dont l'audace à tout donne l'essor,

Qu'un enchanteur, armé de la baguette d'or,

Tel que le *Prospero* du drame de Shakspeare,

O Méditerranée! usurpe ton empire,

Et commence d'asseoir, sur le sable et le roc,

Une ville au lieu même où dominait Saint-Roch.

Le Gnome impur devine, en sa vase profonde

Le brillant Ariel qui détruit, mais qui fonde ;

Et le bruit des pétards, précurseurs du soleil,
Brise, chaque matin, son fébrile sommeil.

Une nuit, secouant ses visqueuses nageoires,
Le Typhon marseillais sort d'entre les eaux noires ;
Escorté de hiboux et de chauves-souris,
Il vole, en tremblotant, vers ses quartiers chéris,
Plane sur ce réseau de fétides ruelles
Qui grimpent des *Prêcheurs* aux *Belles-Écuelles*,
Et, rempli de son deuil, monte, en le déplorant,
Sur les rebords venteux de la tour *Saint-Laurent*.

En même temps, au sein de l'espace nocturne,
Avec des ailes d'or à son double cothurne,
Avec la flamme au front et l'équerre à la main,
L'Esprit du bien volait par le même chemin ;
Et, distinguant de loin, juché sur son église,
Ainsi qu'une tarasque à l'angle d'une frise,

Son rival dont le front penche, en proie au souci,

Il s'approche, s'arrête et l'apostrophe ainsi.

Le bon Génie.

Eh quoi! vieux Caliban! toujours des plaintes sombres,

Toujours des pleurs amers versés sur tes décombres!

Toujours sur le passé t'enlaçant corps à corps!

N'est-il pas temps de mettre un terme à nos discords?

Debout! lève-toi, viens; aux clartés de la lune,

Nous allons parcourir notre cité commune;

Viens; tâche de comprendre, et, sans de longs discours,

Je te signalerai tous les buts où je cours,

Ce que j'ai fait déjà, ce qui me reste à faire.

Quoique étranger pour toi, sorti d'une autre sphère,

Regarde, je n'ai pas des griffes de Satan;

Viens, donne-moi la main, soyons amis.

Le mauvais Génie.

Va-t'en;
1.

Laisse-moi ; ton aspect rouvre mes cicatrices ;

Traître ! J'ai trop longtemps plié sous tes caprices ;

J'ai dévoré mon deuil, j'ai feint de ne pas voir

Les sourds empiétements qui rongeaient mon pouvoir ;

J'ai permis que la folle et vaseuse Durance

A l'*Huveaune* imposât sa haute concurrence,

Et, le long des trottoirs, substituât son eau

Au parcours familier du classique tonneau ;

J'ai souscrit au *Jardin* de la *zoologie ;*

La bordure du port s'est partout élargie,

Et le quai, redressant son alignement neuf,

De la blanche *Consigne* arrive au *Cul-de-Bœuf ;*

Le *Prado* se découpe en larges hippodromes ;

Sous prétexte de rendre hommage à nos grands hommes,

Belzunce sur le *Cours* bénit avec l'index

Le *Mouton-Couronné,* cher aux voyageurs d'Aix,

Et Puget, fatigué du semblant d'incurie

Qui le logea, cent ans, devant une écurie,

S'y trouva tout à coup à l'étroit, et voulut

aire trembler le marbre ailleurs qu'à *la Palud.*

Sans demander, hélas ! si la ville s'obère,

L'hydrogène a brûlé sa corde au réverbère ;

J'ai souffert, tempérant ma première rigueur,

L'omnibus à six sous et le bateau dragueur ;

L'électrique cadran règle l'antique horloge ;

Et, regrettant tout bas l'héréditaire *Loge,*

J'ai permis de bâtir, après de vains délais,

Au Commerce en plein vent un splendide palais.

Faut-il citer de plus le *chemin de ceinture,*

La *place Monthyon* et sa prison future,

Et tout ce que j'ai fait ou permis ? Oh ! vraiment,

N'est-ce rien que cela ?

Le bon Génie.

C'est un commencement,

Une pierre d'attente, une belle préface

D'une œuvre à faire, et certe, il faut qu'elle se fasse.

Oui, j'en dois convenir, dès ses premiers débuts,

Dans la boueuse ornière où grouillaient tant d'abus,

Marseille a progressé de plus d'une semelle ;

Oui, de *Castelmuro* le repoussoir femelle

N'attriste plus les yeux par son bec de vautour ;

Oui, ce Nil provençal que porte *Roc-Favour*

Nous verse le trésor de ses ondes lointaines,

Et nos pavés brûlants, lavés par cent fontaines,

Frustrent de leur tribut les anciens tombereaux ;

Oui, dans leurs murs, marqués par de grands numéros,

Au fond de leurs boudoirs, ignobles gynécées,

Les louves de la nuit hurlent cadenassées ;

Oui, Belzunce et Puget ont obtenu, tous deux,

Un hommage tardif, mais pourtant digne d'eux ;

Oui, les mains du pouvoir, quelquefois trop débiles,

Ont de leurs noirs trépieds détrôné ces sybilles

Dont l'haleine fanait les lis et les jasmins ;

Les fleurs ne passent plus que par de douces mains,

Et bien des papillons, race folle et courtoise,

Se brûlent, en volant, au flambeau de Françoise.

Je suis loin de fermer les yeux à ces progrès,

Et mon tort serait grand si je les dénigrais ;

Mais bien d'autres laideurs se montrent sur ma route ;
Bien des difformités qui me choquent.

Le mauvais Génie.

J'écoute ;
Poursuis, fais ton détail ; dis, sans prétextes faux,
Ce que Marseille encor peut t'offrir de défauts ;
Parle, signale, accuse.

Le bon Génie.

Eh bien, je trouve encore,
Et même en plein midi, l'avide stercophore
Qui circule le long des ruisseaux, épiant
L'espoir de son chapeau, hideux récipient.
Je voudrais qu'on punît d'une amende bien forte
Vos servantes qu'on voit, au seuil de chaque porte,
Secouer, le matin, à coups retentissants,
Une graisseuse peau qui fouette les passants.

J'accuse nos trottoirs dont la marche exhaussée

Présente un précipice entre elle et la chaussée.

Je reproche à nos bains, tout en louant leur eau,

Qu'on n'y trouve jamais un garçon au bureau,

Et qu'on trouve toujours, pour tirer la soupape,

Au lieu du liége, un plomb qui des doigts vous échappe.

Je demande pourquoi chaque rue, à son coin,

Ne porte pas un nom qu'on distingue de loin.

Je signale surtout ces barques de l'Averne,

Ces auges, ces bahuts qu'un noir Caron gouverne,

Et propose, à grands cris, aux novices chalands

Qui vont à la *Réserve* ou vers les *Catalans*.

N'extorqueraient-ils pas de plus larges oboles,

Avec de frais esquifs, de fringantes gondoles,

Au lieu de ces pontons dont l'étambot déteint

Fut sans doute construit sous le comte d'Estaing?

Ce n'est pas tout : notons un pénible contraste :

Nos Cercles font assaut de confort et de faste ;

Nos Cafés dans le goût moderne ou grenadin,

Sont tels, qu'on les croirait construits par Aladin,

Tandis que nos hôtels, à l'étranger qui passe,

N'offrent rien d'imposant par le luxe et l'espace ;

Vois celui d'*Orient*, dont les nobles parois

Revendiquent les lords, les nababs et les rois ;

Il montre une façade éraillée et moisie

Qui de *Saint-Homobon* émeut la jalousie,

Et présente à sa porte, étroite comme un sac,

A gauche un perruquier, à droite un bric-à-brac.

Poursuivons : quand, le soir, de la ville on s'écarte,

Pour rêver à loisir sur le *mont-Bonaparte*

Où de la mer voisine arrive un air si pur,

Ne peut-on obtenir pour ce calme Tibur,

Pour ces sentiers, frayés par plus d'un Diogène,

D'être moralisés par le gaz hydrogène ?

Cette justice est due aux promeneurs décents.

Enfin, je mets au jour un fâcheux contre-sens,

Une bévue offrant une ironie amère :

As-tu vu ce qu'on voit dans le palais du maire,

Dans la salle pudique où, par-devant témoins,

L'écharpe officielle enlace les conjoints ?

On y voit, exposée au-dessus de la porte,
Une étrange peinture, un écusson qui porte
Pour signe, pour emblème, au milieu se dressant,
On y voit, je l'affirme, un énorme Croissant :
Ainsi dès le moment que, grâce à l'hyménée,
Deux êtres sont unis, voilà leur destinée;
Et les couples nouveaux sentent glacer leur pouls
Devant ce pronostic si fatal aux époux.
Qu'en dis-tu? car tout bas, je crois, tu balbuties;
Ces faits sont-ils patents?

Le mauvais Génie.

Ce sont des minuties,
Désordre inoffensif et superficiel,
Indigne d'exciter ton sarcasme et ton fiel.
Sois plus juste envers moi; tu ne peux méconnaître
Mes votes, mon concours pour le commun bien-être :
Si nos murs semblaient nus de l'un à l'autre bout,
Voici deux monuments qui vont être debout;
La Bourse...

Le bon Génie.

J'en conviens, sa haute colonnade

Est digne d'abriter l'huile et la cassonade;

Marseille n'a rien fait de trop, en élevant

Un splendide palais au Commerce en plein vent,

Et la *Place-Royale*, autrefois si chétive,

Rayonne désormais de cette perspective.

Mais ce palais marchand, par le marbre illustré,

Des hôtes qu'il attend risque d'être frustré;

Je crains qu'enraciné dans sa longue routine,

Le peuple commerçant qui se presse et piétine,

Depuis un demi-siècle et deux fois chaque jour,

A l'angle *Cazati*, turbulent carrefour;

Je crains qu'insoucieux, au milieu de la rue,

De la Bourse nouvelle à ses yeux apparue,

Il ne brave, sans fin, sur ce pavé central,

Les mulets, le soleil, la pluie et le Mistral.

Le mauvais Génie.

Tant mieux ! Mais que dis-tu de cette basilique,
Somptueux monument d'un peuple catholique,
La nouvelle *Major* ?

Le bon Génie.

Mon avis est le tien ;
Je dis qu'on édifie un vrai temple chrétien,
Vaste, imposant, empreint d'une grandeur suprême,
Un temple digne enfin de nous et de Dieu même ;
J'aime à le voir assis sur ses hauts fondements,
Devant la mer qui porte aux saints recueillements ;
Nulle place pour lui n'eût été mieux choisie.
Mais voilà, par malheur, qu'on eut la fantaisie,
Sur ces bords parfumés d'algue et de romarin,
D'établir un cloaque, un évier riverain
Où deux égouts unis, source nauséabonde,
Vomissent leur tribut par une large bonde,

Et mêleront, un jour, pendant une oraison,

Aux vapeurs de l'encens leur âcre exhalaison.

Quoi ! c'est là, dans un siècle où toùt se civilise,

Qu'on bâtit une douane, et, bien plus, une église !

La douane passe encor ; il n'est pas de senteur

Qui doive épouvanter son droit inquisiteur,

Et son nerf olfactif ni plus ni moins s'expose

A l'assa-fœtida qu'à l'essence de rose.

Mais que, pour relever l'autel de la *Major,*

Pour dresser des parvis couverts de fleurs et d'or,

La pieuse Marseille insensément préfère

Ce plateau qu'avoisine un foyer pestifère,

Ah ! c'est un sacrilége, un scandale odieux ;

La Grèce n'offrait pas de tels encens aux dieux.

Le mauvais Génie.

Calme-toi ; cet évier riverain, ce cloaque,

Ce scandale odieux que ta colère attaque,

De la *Major* nouvelle et de ses environs

Disparaîtront bientôt; sois-en sûr.

Le bon Génie.

Nous verrons.

Le mauvais Génie.

Je vois que je n'ai fait que de vains sacrifices :

Quoi ! trottoirs, écussons, éclairage, édifices,

De ta causticité rien ne peut être absous !

Au moins, approuves-tu l'omnibus à six sous

Et ces chars complaisants que partout, à demeure,

On trouve, à peu de frais, pour la course ou pour l'heure?

Le bon Génie.

Oui, mais restaurons-les, dans l'intérêt public.

C'est un sujet qu'il faut passer à l'alambic ;

Écoute bien. Il fut une époque où Marseille,
Uniquement réduite aux fiacres de *Bouteille,*
Ne connaissait encor landau ni phaéton,
Boghei ni tilbury; son peuple était piéton ;
Sur le *chemin de Rome* et de *la Madeleine*
Les dames voyageaient comme le bon Silène,
Assises sur un bât plus doux qu'un palanquin,
Sous le modeste abri d'un parasol nankin ;
Quand un gendarme au trot passait par aventure,
Des flots d'enfants couraient pour suivre sa monture ;
On se groupait autour de la *malle* d'Avon ;
Pour offrir le café, le sucre et le savon,
Jusqu'au seuil des maisons, et dans le vestibule,
Le courtier Abeilard entrait avec sa mule,
Et la foule admirait, entre les deux trottoirs,
Pagano, voituré par deux vieux chevaux noirs.
Depuis, car vers le luxe il faut que tout s'incline,
Afflua dans nos murs la race chevaline ;
Bientôt, comme une fièvre aux accès délirants,
L'ambition hippique envahit tous les rangs ;

Soit dans une calèche aux soupentes bien douces,

Soit dans un char-à-bancs prodigue de secousses,

Chacun voulut, dès lors, rouler sur des essieux ;

Et voilà qu'aujourd'hui, j'en rends grâces aux cieux,

Pour le riche, le pauvre et la bourgeoise classe,

L'omnibus s'associe aux voitures de place.

Mais, ô tableau navrant qui froisse les regards !

Là se trouvent liés à d'éternels brancards

De tripèdes forçats dont la maigreur éclipse

Le cheval de Cervante ou de l'Apocalypse ;

Des êtres fabuleux, des automates vains,

Ulcérés de javarts, boursouflés d'éparvins,

Écorchés au garrot, saignants au métacarpe,

Cagneux, arqués, fourbus, ensellés, dos de carpe,

Rebut des maquignons au marché de Paris,

Sauvés de l'abattoir avant d'être équarris,

Portant à chaque poil un cas rédhibitoire

Et tout au plus, enfin, bons pour le noir d'ivoire.

Voilà de quels coursiers Marseille fait orgueil !

Le char traîné par eux marche comme un cercueil.

C'est en vain que du fouet l'incessante énergie

Tente de réchauffer leur ostéologie ;

Leur peau depuis vingt ans est morte, et leurs pieds-bots

Ont peine à soulever les fers de leurs sabots.

Aussi, pour ménager leur lépreuse charpente,

Sitôt que le terrain offre la moindre pente,

N'aurait-on à fournir qu'un minime parcours,

Tels que des *Réformés* à la ligne du *Cours,*

Soudain, le conducteur, dans sa terreur panique,

D'un bras désespéré serre la mécanique,

Comme s'il descendait, par un rapide essor,

Des sommets de *la Garde* au quartier *Saint-Victor.*

Ai-je tort de me plaindre ? Et, puisque nous y sommes,

Si je passe, un moment, des chevaux à leurs hommes,

Qui de vous, Marseillais, nous vous le demandons,

Ne fut cent fois vexé par ces Automédons ?

Souples, câlins, d'abord, en ouvrant la voiture,

Ils se montrent bientôt dans leur âpre nature,

Bavards, mauvais plaisants, ennemis à l'excès

De quiconque s'exprime en langage français,

Au chemin le plus court constamment infidèles,

Fiers de tenir en main leurs mornes haridelles,

Comme s'ils conduisaient des chevaux d'apparat,

Et mâchant comme un frein le tarif d'Honnorat.

Ils ont beau déguiser leur immuable type ;

A leur oblique feutre, au galbe de leur pipe,

A leur geste narquois, à leur clignement d'yeux,

J'ai reconnu les *nerfs,* quoique devenus vieux,

Un reste de ces *nerfs,* espèce survivante

De ceux dont le nom seul glace encor d'épouvante,

Des trop fameux *Chichois* qu'à tort on avait dit

A perpétuité détruits par Bénédit.

Voilà ce qui réclame une double réforme ;

On la promet toujours : *attendez-moi sous l'orme.*

O chevaux ! ô cochers ! vous ne valez pas mieux

Sous Lahante aujourd'hui qu'autrefois sous Crémieux.

J'ai dit ; maintenant, parle.

Le mauvais Génie.

A ta critique amère,
A tant de longs griefs que ta langue énumère,
Je n'oppose qu'un fait mémorable et récent
Qui sert de contre-poids à tous, fussent-ils cent :
Vaincu par tes clameurs, tant de fois exhalées,
J'ai permis que du Port jusqu'au fond des *Allées*,
Crevant, dans sa largeur deux massifs de maisons,
La Canebière enfin s'ouvrît deux horizons ;
D'un aussi grand effort tu dois me tenir compte.

Le bon Génie.

Je t'en applaudirais, Sérénissime Archonte !
Si j'osais me flatter que, par un autre élan,
Tu voulusses m'aider dans un plus large plan ;
Et tu pressens déjà jusqu'où va ma pensée :
Oui, je dois rajeunir notre antique Phocée,

Ce tabernacle cher à nos premiers aïeux.

Puisqu'un homme, portant l'avenir dans ses yeux,

Un homme qui jamais ne tente une chimère,

Veut d'un manteau de pourpre entourer notre mère,

Secondé par son bras, je prétends rebâtir

La vieille acropolis de la nouvelle Tyr,

Glorieux de refondre, entre de plus beaux moules,

Le ténébreux dédale où montent les *Accoules* ;

D'épurer ces clapiers, ces carrefours malsains,

Ruche immonde où le peuple étouffe par essaims ;

De dresser un décor d'édifices modernes

Sur les obscénités de ces louches tavernes,

De rendre à l'existence, à la création,

Un cadavre qui tombe en putréfaction.

Le mauvais Génie.

Donc, tu prétends toujours remuer cette enceinte :

Téméraire ! oses-tu toucher à l'arche sainte ?

Sais-tu qu'en attendant tes fastueux lambris,

Vingt mille hommes du peuple erreraient sans abris ?

Sais-tu que, si d'un pouce on baissait la barrière

Qu'oppose aux vents du Nord la cité douairière,

Les fureurs du Mistral fondraient dorénavant

Sur mon vieux port privé de ce haut paravent,

Et que notre salut tient aux murs que tu rases?

Parle ; que réponds-tu ?

Le bon Génie.

Que ce sont là des phrases.

Rassure-toi ; ces murs, dont nous prenons le faix,

Ne seront pas en bloc, ou détruits ou refaits ;

Sans étaler aux yeux leur chute universelle,

Chaque jour n'en verra tomber qu'une parcelle ;

Et tout ce peuple pauvre, honnête, industriel,

Bien loin de bivaquer sous le plafond du ciel,

Trouvera, par nos soins, des foyers provisoires,

A *la Garde,* au *Faro,* sur de frais promontoires,

Jusqu'à ce qu'il revienne, après un court exil,

Sous des abris meilleurs, restaurés sans péril.

Quant au port où tu vois fondre la Tramontane,

Sache que tout vaisseau, trois-mâts, brick ou tartane,

Y trouvera toujours pleine sécurité,

Autant que dans le mien qui n'est point abrité,

Et qui fut cependant pur de toute avarie,

Sous ce grand ouragan où la vague en furie

Soulevait ses bétons qu'un poids énorme unit,

Et courbait comme un jonc son phare de granit.

Crois-moi ; terminons là ce choc controversiste ;

Plus de guerre avec moi.

Le mauvais Génie.

La guerre ! j'y persiste ;

Car c'en est trop enfin : par mes concessions

J'ai souffert jusqu'ici cent usurpations ;

Mais qu'un homme, un intrus, roi de *la Joliette*,

Colportant jusqu'à nous sa fortune inquiète,

Avec son marteau d'or, plus fort que le destin,

Rase au niveau du sol notre mont Aventin ;

Que sur nos murs, sacrés par la gloire romaine,

Son insolent niveau devant moi se promène ;

Qu'il vienne, triomphant, me courber à ce point,

Non, et mille fois non, je n'y souscrirai point.

Mais pourquoi m'effrayer d'une vaine menace ?

Bien que dans ton dessein tu te montres tenace,

Le sage et haut Conseil dont tu cherchais l'appui,

L'an dernier, te brisa dans ta lutte avec lui.

Fuis donc, fuis loin de nous, avec tes architectes,

Tes bienfaits ambigus et tes grandeurs suspectes,

Avec tous tes clinquants d'un avenir trompeur.

Et vous tous, qu'un moment avait roidis la peur,

Calmez-vous ; revenez de vos chaudes alarmes,

Vieux enfants du *Panier*, citoyens des *Grands-Carmes !*

Bourgeois de *l'Evêché*, restez chez vous assis !

Et vous qu'on parque autour du *figuier de Cassis*,

Ne vous désolez plus, sirènes subalternes !

Vous enfin qui peuplez ces habitacles ternes,

Ce labyrinthe obscur, constellé de caveaux

Dont la pente se brise à la *place Vivaux*,

Soyez heureux ! ni l'air ni les rayons solaires

Ne viendront envahir vos nids vermiculaires ;

Ni truelle ni pic ne toucheront vos toits

Qui vont durer, sans fin, comme votre patois.

Le bon Génie.

Je ne m'alarme pas de ta prosopopée ;

Ton assurance peut un jour se voir trompée ;

La raison, bien que tard, porte aux hommes son fruit ;

Ce que vote un Conseil, un autre le détruit ;

Marseille, à chaque aurore, attend que retentisse

Le texte officiel, le décret de justice

Qui doit, à deux pouvoirs imposant l'unisson,

Dans la route du bien fortifier Besson.

Et quand même, exposée aux mêmes subterfuges,

La raison aurait tort devant les nouveaux juges,

En songeant qu'il existe une suprême Cour,

Plein de cœur et de foi, j'attendrai. Mais le jour

Où, dans nos vastes murs, que son retard attriste,

Paraîtra de nouveau l'IMPÉRIAL TOURISTE ;

Quand, aux houras du peuple, au fracas de l'airain,

Debout sur la hauteur de son palais marin,

Il verra, d'un côté, la ville qui s'élance

Avec tous ses instincts de gloire et d'opulence;

De l'autre, cette noire et rouilleuse cité

Qui se meurt, accroupie en sa caducité,

Ses murs fendus, ses toits que la misère effrange,

Indigné de surprise à ce contraste étrange,

Il dira, je l'espère, en me serrant la main :

Que ton œuvre se fasse ; et soit faite demain.

C'est ainsi que, du haut de la tour octogone,

Les deux Esprits rivaux, l'Archange et la Gorgone,

Planaient sur notre ville et discutaient entre eux.

L'aube alors se montra; le démon ténébreux

Disparut; Ariel, sur ses rapides ailes,

Se fraya dans l'azur un sillon d'étincelles,

Et Marseille, appuyant la main sur l'ancre d'or,

A l'horizon des mers surgit plus belle encor.

PARIS. — IMPRIMERIE CENTRALE DE NAPOLÉON CHAIX ET Cⁱᵉ, RUE BERGÈRE, 20. — 9482.

www.ingramcontent.com/pod-product-compliance
Lightning Source LLC
Chambersburg PA
CBHW060719050426
42451CB00010B/1528